La cocina del bosque

Recetas vegetarianas desde
mi casa entre los árboles

Erin Gleeson

Papel certificado por el Forest Stewardship Council®

MIXTO
Papel procedente de
fuentes responsables
FSC® C117695

Título original: *The Forest Feast*
Primera edición: octubre de 2018

© 2014, Erin Gleeson, por el texto, las ilustraciones y la fotografía
© 2018, Penguin Random House Grupo Editorial, S.A.U.
Travessera de Gràcia, 47-49. 08021 Barcelona
© 2014, Jonathan Prosnit, por las fotografías de la esquina superior derecha
de la página 84 y de la página 238
© 2014, Anna Rosales, por la fotografía de la página 202
© 2018, Pilar Alba, por la traducción

Printed in Spain - Impreso en España

Diseño: Erin Gleeson
Compuesto en M.I. Maquetación, S.L.

ISBN: 978-84-17338-24-4
Depósito legal B-16.686-2018

Impreso en Cayfosa
Barcelona

D 0 3 8 2 4 4

Penguin
Random House
Grupo Editorial

Para mamá y papá

Índice

introducción

Pasé mi infancia, durante los ochenta, en un manzanal del condado de Sonoma, en California. Nuestros vecinos eran una pequeña comuna y unos granjeros que criaban cabras. En mi casa no había televisión, éramos vegetarianos y teníamos un huerto enorme. Gracias al clima del lugar, mi hermano y yo podíamos pasar la mayor parte del tiempo fuera de casa. También pasábamos muchos ratos toda la familia en la cocina; en verano recogíamos moras para los pasteles, y en otoño usábamos las manzanas para preparar cualquier cosa que uno pueda imaginar. Los años de clases de acuarela y mi afición por vestir a mis amigas para sesiones fotográficas me llevaron a estudiar Arte en la universidad. Creo que empecé a pensar en serio en el arte como profesión cuando me fui a Italia. Mi primera cámara «de verdad» la conseguí mientras estudiaba en la Academia de Bellas Artes de Bolonia (considerada a menudo la capital culinaria de Italia).

Tras graduarme, anuncié a mi familia que me mudaba a Nueva York para convertirme en fotógrafa. Sin trabajo y con solo unos pocos billetes en el bolsillo, alquilé una habitación en el Upper West Side. Lo que pensé que sería una aventura de un año se convirtió pronto en ocho (es curioso cómo pasan esas cosas), y todos los desafíos que Nueva York supuso para mí se transformaron luego en recompensas... ¡Amo esta ciudad! Mientras realizaba el posgrado, me ofrecí como fotógrafa para la Fundación James Beard y esa fue mi entrada en la escena culinaria de Nueva York. Empecé a hacer fotografías de comida para diferentes revistas y libros, y pude trabajar con algunos de los mejores chefs del mundo.

A Jonathan, mi marido, lo conocí en 2004 gracias a un amigo que me llevó a una fiesta que Jonathan daba en su azotea en el Upper West Side. Me enamoré de él enseguida, sobre todo al ver que le gustaba organizar fiestas tanto como a mí. Años más tarde, cuando nos trasladamos a Brooklyn, nuestro patio se convirtió en un centro de reuniones familiares y de amigos: cenas, cócteles, fiestas de disfraces, cine al aire libre... Recibíamos invitados continuamente, y allí nacieron muchas de estas recetas. Como no tenía mucho tiempo para cocinar, debían ser rápidas, fáciles, asequibles y agradables a la vista.

En el verano de 2011, Jonathan aceptó un trabajo como rabino en una gran sinagoga reformista en Silicon Valley. La idea de dejar Nueva York fue triste para los dos, pero era una gran oportunidad para él y, de algún modo, yo estaba preparada para un cambio. Pese a lo mucho que trabajaba como free lance y dando clases en el Instituto de Tecnología y Moda, el estrés de llegar a fin de mes me dejaba exhausta y nada de lo que hacía me apasionaba realmente. Aun así, sabía que todavía no había concluido lo que me había propuesto al mudarme a Nueva York.

Por supuesto, había acumulado numerosos logros, pero había tantas revistas con las que aún deseaba colaborar, galerías donde quería exponer, chefs a los que ansiaba conocer… En Nueva York, sientes que todo sucede al alcance de tu mano y que, si inviertes un poco más de esfuerzo y de tiempo, lo que anhelas ocurrirá. Tal vez sea eso lo que mantiene a la gente siempre en marcha. Cuando nos preparábamos para partir, recuerdo haberle dicho a Jonathan que temía estar dejando atrás mis éxitos profesionales. No podía imaginar mi vida de artista en un lugar apartado, donde no conocía a nadie.

Buscando un sitio para vivir en California, vimos un anuncio de una cabaña a las afueras de la ciudad con una zona separada que podría usar como estudio. Sabíamos que sería un cambio radical respecto a Brooklyn, pero pensamos que podía ser una aventura. La vista desde la casa era impresionante, pero lo que me conquistó fue la luz. Un resplandor lo envuelve todo: una suave luz dorada, cálida y acogedora, casi mágica. Al estar a pocos kilómetros de la costa, se forman unos bancos de niebla espectaculares y crean una luz ideal para fotografiar exteriores.

Un mes después de la mudanza, nos casamos en un rancho cerca de donde me crie; el banquete se celebró al aire libre, al atardecer, con vistas a los viñedos, y el baile, en un granero. En las semanas siguientes a la boda, mientras Jonathan trabajaba, yo deshacía cajas y trataba de visualizar cómo sería la próxima etapa de mi carrera. Me abrumaba la idea de intentar reproducir una trayectoria profesional que me había llevado años construir en Nueva York. Me sentía estancada, además de culpable por no poder contribuir económicamente en nuestro hogar. Aunque veía el cambio como una gran oportunidad para inventar algo nuevo, no tenía idea de cómo hacerlo. Pasé mucho tiempo en nuestro nuevo porche contemplando un profundo valle de grandes secuoyas. Creo que la cercanía de todos esos árboles empezó a calmarme y a centrarme. Pasar muchas horas al día en la naturaleza te calma y te equilibra. Pasé tanto tiempo al aire libre como cuando era niña: tengo un recuerdo tan vívido del olor de las moras al final del verano y de la tierra esponjosa en mis pies descalzos después de que arasen el huerto… Estos detalles sensoriales ligados a la geografía aportan una comprensión única de un lugar, algo que solemos pasar por alto pero que es importantísimo, y que no se experimenta de igual modo en una ciudad. Me encanta saber que en un lado de la casa hay una mancha de musgo que se vuelve verde tras la lluvia, y que bajo la leña apilada viven unos conejitos. Me encanta el tacto suave de los tiernos brotes verdes de las secuoyas y el olor del laurel cuando camino hacia el estudio por la mañana.

Cuando empecé a mostrar mi trabajo a los editores de revistas y libros de cocina de San Francisco, me quedó claro que la sensibilidad de la Costa Oeste estaba lejos de mis fotos minimalistas, impecables y perfectamente iluminadas de los restaurantes de lujo de la gran ciudad. Mis futuros clientes de la zona de la bahía de San Francisco querían menos espuma de remolacha y más col frita... Así que empecé a cocinar y hacer fotos, y creé mi blog *The Forest Feast*, sobre todo para tener un *link* que pudiera enviar a los editores. «Quieren algo natural, ¡pues les daré algo natural!», pensé. Sin las exigencias de los encargos editoriales ni la presión inmediata de pagar facturas, me sentí libre. Siempre había pintado y cocinado, pero solo para los amigos y mi familia, no lo consideraba parte de mi profesión. Al no tener nada que perder, me permití crear sin limitaciones, lo que me llevó a incorporar la caligrafía y las acuarelas a mis fotografías, algo que nunca había hecho antes.

Como soy una cocinera autodidacta, las recetas que me propuse hacer eran muy simples. Nos hicimos socios de una cooperativa de la Community Supported Agriculture (CSA) y cada semana recibíamos una caja llena de productos locales de temporada. Yo intento, en lo posible, comer alimentos locales y producidos de forma sostenible, y con las CSA es mucho más fácil. Comencé a experimentar con lo que nos llegaba cada semana y a publicar las recetas en mi blog.

Siempre me han gustado los diagramas y mostrar las partes de un todo; por eso para mí era lógico presentar las recetas de manera visual: una imagen de los ingredientes y otra del plato acabado. Para mi sorpresa, resultó que eso tenía sentido también para otros, y me alegré mucho al recibir emails de personas que habían encontrado mi blog y estaban cocinando mis recetas. El apoyo de los lectores me animó a seguir publicando y a realizar finalmente este soñado proyecto de crear un libro. Por ello, ¡estoy agradecidísima!

Me atraen los colores y las formas, así que a menudo mis platos empiezan por ahí. Se puede hacer un simple puré de patatas o un puré de patatas violeta. ¡Agregar color es más divertido! Y cortar los alimentos con formas curiosas también puede hacer la comida más apetecible, como mi Ensalada de sandía (p. 114). No hace falta mucho más esfuerzo para que un plato, además de saber bien, tenga un aspecto original y atractivo, y mi objetivo es compartir algunas de esas ideas sencillas. Me he propuesto que las recetas sean lo bastante simples como para prepararlas cualquier día entre semana, pero que también causen impresión en una cena de invitados. Mi esperanza es que disfrutes de este libro tanto por su aspecto estético como por su utilidad culinaria, y que te inspire para cocinar, comer, compartir y disfrutar comidas saludables y llenas de color.

¡A tu salud!

Erin

cómo usar este libro

Me encanta coleccionar libros de cocina, pero rara vez tengo tiempo para sentarme, leer las explicaciones y preparar algún plato. Ya sea para una cena entre semana o porque esté pensando algo para una cena de invitados, necesito recetas rápidas, saludables, deliciosas y llenas de color. Cuando miro una receta, quiero poder echar un vistazo rápido a los ingredientes, ver cómo queda el plato acabado y tener una idea básica de cómo prepararlo. Mi objetivo con este libro es presentar las recetas así, de manera visual, estética y simple.

El color de los alimentos es la principal inspiración para mis platos, y prefiero las técnicas simples que realzan los sabores naturales. ¡Es sorprendente cuánto mejora una verdura con un poco de aceite de oliva y sal! Mis recetas suelen incluir pocos ingredientes y pocos pasos, y cualquiera puede hacerlas. Si te falta algo, te animo a que pongas en práctica tu creatividad para sustituirlo, y te daré algunas sugerencias para los ingredientes que no es fácil encontrar en todas partes y todo el año. En general, prefiero no pelar la mayoría de las frutas y verduras; dejo esto a tu elección en las recetas que incluyen ingredientes como pepinos, zanahorias, remolachas, peras, ciruelas y manzanas.

Prefiero usar productos locales y de temporada, pero no soy purista. Si necesito un tomate para una receta en invierno, lo compro. Espero que las ideas de estas recetas sean para ti un punto de partida: ¡siéntete libre para ser creativo con lo que tienes en la despensa! Aunque prefiero hacer yo misma casi todo, hay cosas para las que me falta tiempo, como el pesto, la masa quebrada, el hojaldre o los ñoquis. Si puedes, anímate y elabora los platos desde cero, pero si comprar la masa quebrada te permite ganar tiempo para hacer una tarta, ¿por qué no?

Para la mayoría de las recetas no necesitarás comprar gran cosa, además hay muchos ingredientes que utilizo repetidas veces. Me gusta que en mi cocina siempre haya cebollas, ajo, ajo en polvo, parmesano, masa de hojaldre, yogur griego, huevos, frutos secos (nueces, almendras, pacanas), frutas desecadas (cerezas, arándanos, pasas) y hierbas frescas (especialmente cilantro y albahaca). Me encanta el cilantro, y lo uso mucho, pues viene todo el año en las cajas de fruta y verdura de la CSA (junto con los aguacates…, ¡oh, California!). Yo al picarlo incluyo los tallos, porque aportan mucho sabor y porque separar las hojitas da demasiado trabajo… Si no eres amante del cilantro (y sé que mucha gente no lo es), puedes sustituirlo por perejil o albahaca. Compra también aceite de oliva virgen extra de la mejor calidad, sal marina en escamas o kosher y pimienta negra recién molida. Casi todas las recetas llevan estos ingredientes. La sal Maldon me encanta y la uso para espolvorear la mayoría de los platos antes de servirlos.

En general las recetas son para cuatro raciones, aunque esto es orientativo, pues las hay que pueden servir como plato principal o como guarnición. Muchos de mis platos se pueden tomar calientes o a temperatura ambiente, por ello son ideales cuando tienes invitados. Aunque siempre he sido vegetariana y cocino sobre todo platos vegetarianos, me gusta la idea de que puedan acompañar un entrante no vegetariano. Para asar las verduras utilizo una bandeja grande de horno. Generalmente las coloco en la zona media del horno, y prefiero que queden tiernas (al pincharlas con un tenedor) pero no demasiado hechas. Para cada receta encontrarás otros consejos en las notas al comienzo de cada capítulo.

TÉCNICAS DE CORTE

CORTAR UN AGUACATE (MADURO PERO FIRME) EN RODAJAS:

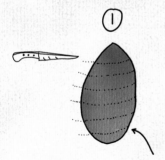

① corta el aguacate
(con piel) alrededor
del hueso

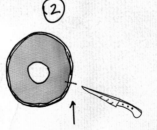

② separa las rodajas del hueso
y haz un corte
en la piel

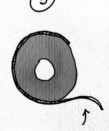

③ quita la piel

CORTAR HIERBAS Y VERDURAS EN CHIFFONADE:

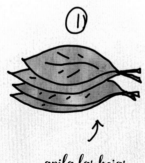

① apila las hojas

② enróllalas y corta
en tiritas finas

CORTAR LAS VERDURAS EN CINTAS:

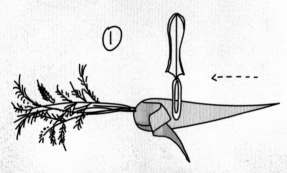

① corta a lo largo con un pelador de verduras
(zanahorias, calabacines, pepinos...)

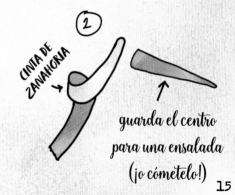

CINTA DE ZANAHORIA

② guarda el centro
para una ensalada
(¡o cómetelo!)

aperitivos

A Jonathan y a mí nos encanta recibir a gente en casa, y muchas de las recetas que nacieron en las fiestas que dábamos en nuestro patio de Brooklyn se transformaron para las reuniones en nuestro porche entre las secuoyas. Si no se indica otra cosa, son para cuatro raciones, y quedan muy bien acompañadas con los cócteles de las pp. 61-83.

Alcachofas rebozadas con cerveza   página 22

Cerca de Half Moon Bay, y a lo largo de la costa, hay plantaciones de alcachofas, y estas se sirven allí en diversos restaurantes. Pruébalas con alguna de las salsas de la p. 92.

Huevos con guacamole   página 24

Este es el plato que suelo llevar cuando voy a una fiesta. El aguacate sustituye parte de la yema y los hace más ligeros.

Tarta de espárragos   página 26

Una tarta irregular, tipo galette, con huevo, queso, alcaparras, piñones y hojaldre. Se puede servir cortada en pequeñas porciones y con palillos.

Espárragos en espirales   página 28

Se envuelven los tallos de los espárragos con tiras de hojaldre en forma de espiral, se espolvorean con queso parmesano y se asan en el horno.

Queso brie al horno   página 30

En mi familia, durante las vacaciones siempre preparábamos este aperitivo. Me encanta… El queso redondo se espolvorea con ajo picado y hierbas, se envuelve en masa quebrada y se hornea. ¡Qué pegajosa delicia! Si me sobra masa, me gusta hacer unas flores pequeñas para decorarlo.

Nudos de ajo   página 32

Utilizo masa de pizza comprada y unto los nudos con mantequilla y ajo. Calientes están más ricos. Pruébalos espolvoreados con hierbas de Provenza.

Crostini con burrata y alcaparras   página 34

Se fríen las chalotas y las alcaparras y luego se añaden al pan cubierto con burrata. Es una especie de mozzarella más cremosa y uno de mis quesos favoritos. Se sirven espolvoreados con sal Maldon.

Higos frescos con miel y cayena   página 36

Los higos frescos se rocían con miel y luego se agrega queso feta, cayena en hojuelas y menta. En un solo bocado, los sabores dulce, salado y picante.

Bocados de albaricoque   página 38

Se pone un poco de queso, una ramita de tomillo y un arándano seco sobre el orejón. Precioso y fácil. También se pueden servir como postre.

Salsa de fresones   página 40

Con fresones y tomates se hace una salsa tipo pico de gallo más dulce.

Rabanitos franceses   página 42

Se cortan los rabanitos por la mitad y se cubren con sal y mantequilla. No puede haber un aperitivo más simple y sabroso. La cremosidad de la mantequilla suaviza de forma exquisita el toque picante de los rabanitos.

Focaccia de topos   página 44

Se agrega romero a una masa de pan jalá menos dulce. Se cuece en el horno con las uvas y los tomates insertados. Para un sabor más intenso, utiliza aceite de oliva.

Uvas con gorgonzola   página 46

Las uvas se recubren con gorgonzola y pacanas. Inspirado en un aperitivo del restaurante Maura's Café, en Homer (Alaska).

Frutos secos al horno   página 48

El sabor del ajo se suaviza al asarse; después se mezcla con los frutos secos y las hierbas.

Medallones de puerro   página 50

Se corta el puerro en rodajitas, que se rebozan y se fríen. Me gusta acompañarlos con la salsa picante de curry y yogur de la p. 92.

Encajes de parmesano   página 52

El parmesano rallado queda crujiente cuando lo fríes. Yo lo sirvo junto con un plato de queso acompañando un cóctel o sobre las ensaladas.

Buñuelos de parmesano   página 54

Mi amiga Andrea y yo creamos estos buñuelos rellenos de queso cremoso cuando vivíamos juntas en Brooklyn. Son una mezcla de dos de nuestras comidas preferidas: los jalapeños rellenos y los gougères.

Chips de salvia   página 56

Son como los chips de kale pero más pequeños y sabrosos. Se derriten en la boca y quedan geniales combinados con queso o sobre una sopa.

alcachofas
rebozadas con cerveza

① **para el rebozado:**

mezcla cerveza y harina a partes iguales

→ $1/2$ taza de cada (120 ml; 60 g)

(para una lata de 170-255 g de corazones de alcachofa escurridos)

② reboza los corazones con la masa
(cubre uniformemente)

③ fríe en aceite de oliva (2 cm) a fuego medio/fuerte hasta que se doren

↳ 1 min. aprox.
↳ en sartén antiadherente
↳ escurre en papel de cocina

espolvorea con pimentón ahumado y sal marina y sirve caliente

(¡con una cerveza!)

Huevos con GUACAMOLE

1. parte por la mitad 6 huevos duros pelados y quita las yemas

2. mezcla 2 yemas (desecha las otras) con 1 aguacate maduro y:

   1 cda. de mayonesa
   1 cdta. de mostaza picante
   ½ cdta. de ajo en polvo
   Sal y pimienta

3. tritura todo y rellena las claras con la mezcla

decora con cayena en hojuelas →

tarta de espárragos

① extiende una lámina de masa de hojaldre descongelada en una placa engrasada

(pliega los bordes para formar una corteza)

② cubre con una capa fina de queso cremoso (yo pongo brie)

③ bate un huevo y viértelo sobre el queso

④ dispón unos 15 espárragos (con los extremos cortados)

reparte por encima
{
2 cdas. de piñones
2 cdas. de alcaparras
½ cdta. de ajo en polvo
½ cdta. de hierbas secas italianas
sal y pimienta
}

Hornea 20 min. a 190°C, hasta que suba y se dore

ESPÁRRAGOS
EN ESPIRALES

① **necesitarás:**

1 manojo de espárragos (unos 30)
y 1 lámina de hojaldre (en un paquete
de 500 g vienen 2)

② corta la lámina de
hojaldre en tiras
de 6-7 mm de ancho

③ enrolla las tiras de
hojaldre alrededor
de los espárragos

④ **dispón en una bandeja
de horno engrasada**

⑤ **luego...**
espolvorea con parmesano,
sal y pimienta

Hornea 15 min. a 190°C
o hasta que se doren

pruébalos con una salsa de la p. 92

queso brie
al horno

si te sobra
masa, úsala →
para decorar

mezcla {
1 cda. de romero fresco finamente picado
6 dientes de ajo picados
1 cda. de perejil fresco picado

pon la mezcla de ajo en
un círculo de masa quebrada
de 25 cm, dejando bastante
espacio alrededor

coloca sobre la mezcla un
queso brie redondo de 225 g
y pliega la masa por encima
presionando para sellarla.
Dale la vuelta y ponlo
sobre una bandeja de horno
engrasada

Hornea 20 min. a 190 °C o hasta que se dore
sirve caliente con rodajas de baguette

nudos de ajo

corta una lámina
de masa de pizza de
225 g en tiras
de 20 cm de largo

**forma nudos
con las tiras**

hornea en una bandeja engrasada
15-20 min. a 180 °C
o hasta que se doren

derrite en una sartén 2 cdas. de mantequilla
con 4 dientes de ajo picados muy finos

pasa los nudos por la mezcla de
mantequilla cuando los saques del horno

salpimienta y sirve enseguida

CROSTINI

CON BURRATA Y ALCAPARRAS

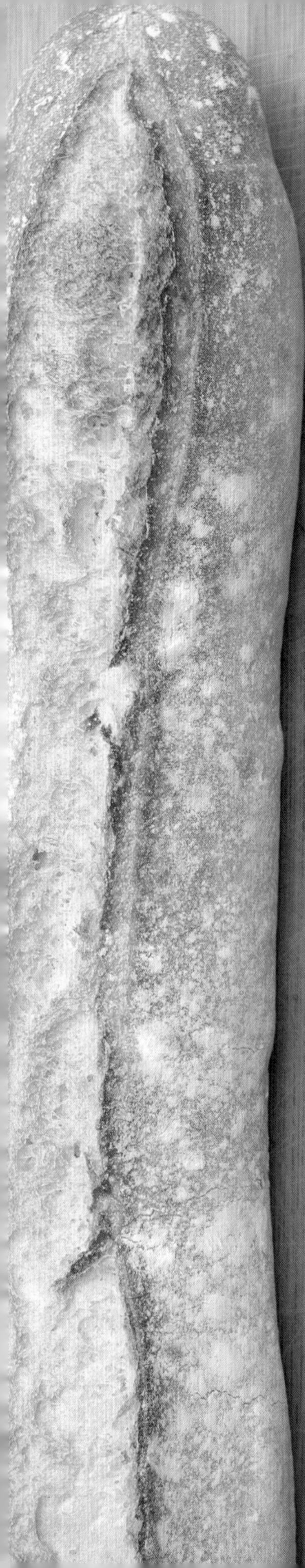

corta 1 baguette en rodajas y tuéstalas

pocha en 2 cdtas.
de mantequilla:

2 chalotas
picadas

100 g de
alcaparras
escurridas

pon 1 cda. de queso burrata
sobre cada rodaja de pan

más 1 cda. de la mezcla de alcaparras

espolvorea con sal antes de servir

higos frescos
CON MIEL Y CAYENA

miel

feta

cayena
en
hojuelas

menta
troceada

espolvorea todo sobre higos
frescos partidos por la mitad

(¡están deliciosos con un cóctel!)

bocados de albaricoque

coloca sobre
cada orejón:

1 cdta. de queso de cabra
en una bolita

y luego
1 arándano seco

y un tallito de
tomillo fresco

salsa de fresones

1 tomate

¼ de taza (10 g)
de cilantro fresco

2 tazas o 280 g
de fresones

el zumo de ½ lima

¼ de cebolla roja

pica y mezcla todo
con una pizca de sal

SIRVE con galletas cracker o con chips

rabanitos franceses

limpia 10 rabanitos y córtalos
por la mitad

cubre cada mitad con ½ cdta. de
mantequilla a temp. ambiente

espolvorea con sal en
escamas
(p. ej., Maldon)

prueba con el cóctel
de Skylonda de la p. 80

focaccia
de topos

① usa la receta de pan jalá
de la p. 234, pero sin azúcar,
y añade 2 cdas. de romero picado.
Cuando la masa suba por primera
vez, extiende en una bandeja de
horno de 25 x 38 cm engrasada.

② inserta en la masa uvas
y tomates cherry. Espolvorea con
sal y espera 30 min. a que suba

③ hornea 20-25 min.
a 190°C o hasta
que se dore

④ sirve con aceite
de oliva para
mojar

uvas con gorgonzola

1 racimo de uvas

en la palma de la mano,
cubre cada uva con:

1 cdta. de queso
gorgonzola cremoso

y luego con pacanas
picadas muy finas

sirve con
palillos

frutos secos al horno

CON AJO Y ROMERO

2 cabezas de ajo
(unos 20 dientes pelados)

1 cda. de romero fresco
finamente picado

1 taza (134 g)
de frutos secos
variados, crudos
y sin sal

① cocina el ajo:

ajo
romero
2 cdtas. de aceite de oliva
¼ de cdta. de sal de trufa

} Mezcla y asa a 190 °C
en una bandeja de horno
15 min. o hasta que el ajo
esté tierno y dorado

② añade los frutos secos:

mezcla con el ajo en la bandeja
de horno y asa 5 min. más

pasa a un bol, revuelve
y sala al gusto

medallones de
PUERRO

corta la parte blanca
de 1 puerro en rodajas
de 6 mm

* 1 huevo batido
* ½ taza de pan rallado
  (60 g)

pasa cada rodaja primero por el
huevo y luego por el pan rallado

fríe en aceite de oliva hasta que se doren
* sartén antiadherente
* aprox. 1 min. por cada lado
* fuego medio

escurre en papel de cocina,
sala y sirve con una salsa
de la p. 92

Encajes de parmesano

ralla finamente 200 g de parmesano

una pizca de cayena en cada montoncito

pon montoncitos de 1 cda. de queso en una sartén caliente (medio/fuerte) * antiadherente *

fríe 1 min. por cada lado (o hasta que se doren)

escurre en papel de cocina

(fríos quedan más crujientes)
sirve junto con un plato de quesos
o encima de una ensalada

Buñuelos de parmesano

rellenos de queso cremoso

para la masa:

bate 3 claras
a punto de nieve

luego agrega:

1½ taza (150 g)
de parmesano rallado

¼ de cdta. de cayena

queso cremoso para el relleno

① aplana 1 cda. de la masa en la palma de la mano
② pon 1 cdta. de queso cremoso en el centro de la masa
③ forma una bola con la masa y séllala pellizcándola
④ calienta aceite vegetal (5 cm) a fuego medio/fuerte en una sartén antiadherente
⑤ fríe, dando la vuelta una vez, hasta que se doren (1 min.)
⑥ retira y escurre sobre papel de cocina

¡cómelos enseguida, calientes!

chips de
SALVIA

calienta un dedo de aceite en
una sartén pequeña

a fuego medio/fuerte

fríe unas hojas de salvia frescas en el aceite
caliente hasta que se doren

1 o 2 min. (¡que no se quemen!)

retira con una espumadera
y deja enfriar sobre papel
de cocina

*espolvorea
con sal*

sirve con una tabla de quesos o sobre una sopa

ventana de la cocina

mi estudio ↗

cócteles

En nuestras fiestas siempre servimos vino y cerveza, pero es divertido ofrecer una bebida «especial». Muchos de estos cócteles es posible hacerlos antes y sacarlos en una jarra para que los invitados se sirvan. Si se prescinde del alcohol, varias de las siguientes bebidas se pueden preparar como «mocktails».

Spritzer con pepino   página 64

Este refrescante spritzer de vino blanco se sirve en una copa decorada con una cinta de pepino.

Michelada con tomatitos   página 66

Me enamoré de este cóctel de cerveza picante en un viaje a Oaxaca, en México. Mi versión lleva un borde de sal y pimienta en el vaso y se adorna con tomates cherry.

Bloody Mimosa   página 68

Aquí hay naranjas sanguinas todo el invierno y me encanta mezclar su zumo con vino espumoso.

Negroni con moras   página 70

Este cóctel suele adornarse con naranja, pero, como aquí tenemos zarzamoras silvestres, en verano uso moras en vez de naranjas. Aportan un toque dulce que alegra esta bebida ligeramente amarga y refrescante.

Sparkler de arándanos   página 72

Este cóctel de vodka lleva moras congeladas en vez de hielo.

Mojito de albahaca   página 74

Para preparar esta bebida de ron se congelan rodajas de limón y hojas de menta y albahaca en cubitos.

Gin Fizz de romero   página 76

Yo excluyo la tradicional clara de huevo y uso miel derretida en lugar de almíbar. Adórnalo con una ramita de romero fresco.

Sangría de invierno   página 78

Esta sangría de vino tinto está cargada de cítricos, que recibimos durante todo el invierno en nuestras cajas de la CSA.

El cóctel de Skylonda   página 80

¡Mi cóctel favorito cuando hace frío! Me encanta beberlo en invierno frente al fuego. Es una bebida caliente que lleva bourbon, canela y naranja. Está inspirado en el Manhattan y tiene el nombre de la zona donde vivimos. Si no dispones de tiempo para preparar el bourbon con canela, pon bourbon a secas.

Chai hot toddy   página 82

Las especias del té chai dan un toque más reconfortante al hot toddy. La rodaja de naranja con los clavos de olor es un bonito adorno. Yo lo hago con whisky, pero también puedes usar coñac o ron.

SPRITZER CON
pepino

con un pelador,
corta una cinta de
pepino para forrar
una copa

añade hielo y la misma
proporción de

vino
blanco

soda

adorna
con menta
fresca

para 1 copa

michelada
CON TOMATITOS

1 frota con limón el borde de un vaso y luego sumérgelo en un plato con sal y pimienta (2 cdtas. de cada)

2 añade al vaso (en este orden):

* el zumo de ½ limón
* 3 gotas de salsa tabasco
* 1 cerveza suave fría

3 adorna con unos tomates cherry en un pincho

para 1 vaso

BLOODY MIMOSA

Exprime 1 naranja sanguina y vierte el zumo en una copa alargada

Añade 3 gotas de angostura

Llena el resto de la copa con champán rosado bien frío

para 1 copa

NEGRONI
con moras

para 1 vaso

① Mezcla a partes iguales { ginebra · Campari · vermut dulce

↳ 2 cdas. de cada

② sirve sobre cubitos de hielo

↓

adorna con moras

Sparkler de arándanos

¼ de taza (35 g) de arándanos helados (en vez de hielo)

¼ de taza (60 ml) de zumo de frutas del bosque (cualquiera)

3 cdas. de vodka

llena el resto con soda

adorna con una rodaja de limón

>>> ——— <<<

para 1 vaso

mojito

DE ALBAHACA

congela
menta y albahaca
frescas y rodajas
de limón en
cubitos de hielo

machaca con un
muddler en un vaso:

en chiffonade { una ramita de albahaca
una ramita de menta

1 cdta. de azúcar o miel
1 cdta. de zumo de limón
3 cdas. de ron

añade los cubitos y acaba
de llenar el vaso con soda

para 1 vaso

gin fizz de romero

para 1 vaso

① 3 cdas. de ginebra
1 cdta. de miel fluida
el zumo de ½ limón
} **mezcla bien en un vaso**

② agrega hielo

③ acaba de llenar el vaso con soda

agita y adorna con una ramita de romero fresco

SANGRÍA

DE INVIERNO

para 4-6 vasos

1 botella de vino tinto (750 ml)

½ taza (120 ml) de coñac

1 taza (240 ml) de zumo de naranja

Rodajas de:
1 naranja
1 pomelo
1 mandarina
1 limón

mezcla todo, enfría en la nevera y sirve con hielo

el cóctel de SKYLONDA

Para 1 vaso

para el bourbon con canela:
deja macerar 3 palitos
de canela con bourbon 3 días
en un frasco de 300 ml

↳ luego
cuela

mezcla:

* 4 cdas. de bourbon
con canela

* 2 cdas. de
vermut seco

* 1 cdta. de
angostura

sirve sobre hielo con una rodaja de naranja

●●●chai●●● hot toddy

mezcla
{
1 taza (240 ml) de té de chai
3 cdas. de bourbon
2 cdtas. de miel
}

inserta unos clavos de olor en una rodaja de naranja para decorar

para 1 ración

ensaladas

Estas ensaladas se pueden servir como plato principal de una comida ligera o como guarnición. Verás que pocas de ellas llevan lechuga. (Quizá porque no me gusta lavar la lechuga…) Para mí es importante que las ensaladas sean abundantes y nutritivas, por eso uso más verduras y a veces hasta ingredientes cocinados. Todas se pueden servir a temperatura ambiente, lo que significa que se pueden preparar con antelación y guardarse en la nevera para una cena entre semana o para una fiesta. Yo recomiendo aderezarlas en el último minuto. En cenas informales, dejo que cada uno se aliñe su plato, así lo que sobra se mantiene fresco. A menudo añado solo un poco de aceite de oliva, limón y sal. Pero si te apetece puedes usar cualquiera de mis aliños de las pp. 90-93. Las recetas son para 4 raciones, a menos que se indique otra cosa.

Ensalada de kale con polenta frita página 94

Lleva un aliño cremoso con ajo, piñones y parmesano.

Ensalada de remolacha con huevos color rosa página 96

Los huevos duros se tiñen de rosa con el agua de la remolacha. Se sirve sobre un lecho de rúcula.

Caprese con calabaza página 98

Esta es una de las favoritas de Jonathan (¡y mía!). Lleva aguacate y calabaza asada, además de los ingredientes habituales de la ensalada caprese.

Ensalada de judías verdes y patatas página 100

Con cilantro y ajo. Si no te gusta el cilantro, pruébala con albahaca o perejil.

Ensalada de lombarda y naranja página 102

Hay muchas ensaladas que quedan muy bien servidas sobre hojas de col lombarda, pero esta, crujiente y llena de colores, es una de mis preferidas.

Ensalada de zanahoria página 104

Con pasas sultanas y pacanas.

Ensalada de berenjena página 106

Cuando viajé por Israel, me enamoré del queso halloumi frito que se sirve sobre las ensaladas. Como no siempre es fácil de encontrar, creé una receta similar con mozzarella. Para esta receta, es mejor no usar mozzarella fresca, pues se derrite más fácilmente.

Ensalada de lentejas página 108

Con lentejas en conserva queda estupenda, pero si las cueces tú, cocínalas a fuego lento al dente, para que no se deshagan. Esta nutritiva ensalada lleva también tomates secados al sol, col lombarda, tomates cherry y arándanos rojos secos.

Ensalada de naranja y aguacate

Se alternan rodajas de color naranja y verde, y luego se añade cebollino. Con el zumo de los cítricos y el aceite de oliva se prepara un aliño natural.

Ensalada de nectarinas y tomate

Una ensalada de verano dulce y sabrosa, con pacanas, queso feta, menta, albahaca y cebolla roja. También se puede hacer con melocotones en vez de nectarinas.

Ensalada de sandía

Lleva además mozzarella y albahaca, y la presentación sobre rodajas circulares de sandía es única.

Ensalada de caquis

En la zona de la bahía de San Francisco mucha gente tiene caquis en su jardín. Por eso, en otoño, recibo montones de caquis de nuestros amigos. Solemos hacer esta ensalada el día de Acción de Gracias. ¡Me encanta su mezcla de dulce y salado! Usa caquis fuyu, más planitos, que son ideales crudos (se pueden comer como una manzana). Los caquis hachiya suelo asarlos, pues crudos pueden tener un sabor amargo.

Ensalada de fresones y pepino

Para una presentación original y divertida, corta el pepino en cintas con un pelador de verduras. Lleva también fresones, tirabeques, queso feta y almendras.

Ensalada de rábano sandía

Estos originales rábanos de color intenso merecen ser los protagonistas de un plato. Yo los sirvo con cítricos, cebolla y menta por encima.

Ensalada verde

¡Sin lechuga! Es una ensalada crujiente y sustanciosa que se hace con edamame, cebollino, pepinos, manzana verde, apio y menta.

Ensalada amarilla

Una ensalada de color dorado con pimiento, maíz, garbanzos, remolacha amarilla, pasas sultanas y ralladura de limón. Si no encuentras pepinos de la variedad limón, pequeños y redondos, los normales también quedan bien. Adórnala con eneldo fresco o con flores de mostaza, si puedes conseguirlas.

Ensalada roja

Una ensalada de tonos rojizos con ingredientes troceados de texturas crujientes. Lleva manzana, rábanos, pimiento, cebolla roja y cerezas secas.

aliños HECHOS EN UN frasco

#1 ALIÑO DE SOJA Y SÉSAMO

↑ ¡agita!

¾ de taza (180 ml) de aceite de oliva

¼ de taza (60 ml) de vinagre de arroz

2 cdtas. de aceite de sésamo

2 cdtas. de salsa de soja

½ cdta. de ajo en polvo

1 cda. de semillas de sésamo

1 cebolleta picada

#2 ALIÑO DE MIEL Y CEBOLLINO

¡AGITA!

¾ de taza (180 ml) de aceite de oliva

¼ de taza (60 ml) de vinagre balsámico blanco

1 cda. de miel

2 cdas. de cebollinos frescos bien picados

con ambas recetas sale aprox. 1¼ taza (300 ml) de aliño, suficiente para 4 raciones de ensalada

¡AGITA EL *frasco!*

(#3) ALIÑO DE CÍTRICOS

¾ de taza (180 ml) de aceite de oliva

¼ de taza (60 ml) de vinagre de vino blanco

2 cdas. de ralladura de naranja

3 cdas. de zumo de naranja

1 cda. de zumo de limón

1 chalota finamente picada

agita bien

(#4) VINAGRETA DE LIMÓN Y MOSTAZA

¾ de taza (180 ml) de aceite de oliva

¼ de taza (60 ml) de zumo de limón

2 cdas. de mostaza de Dijon

1 cdta. de jarabe de arce

¡así! ¡agita bien!

estos aliños aguantan en la nevera por lo menos 1 semana; espera a que adquieran la temperatura ambiente antes de usarlos

#5 SALSA DE YOGUR Y CURRY

1½ taza (425 g) de yogur griego natural

¼ de cdta. de cayena

2 cdtas. de curry en polvo

1 cda. de zumo de limón

remueve bien

#6 SALSA DE PEPINO Y HIERBAS

1 taza (285 g) de yogur griego natural

½ taza (65 g) de pepino picado (sin pelar)

¼ de taza (10 g) de albahaca fresca picada

1 cda. de zumo de limón

½ cdta. de ajo en polvo

1 cebolleta picada

REMUEVE

batidora

#7 ALIÑO DE YOGUR CÉSAR

¾ de taza
(180 ml)
de aceite de
oliva

2 dientes
de ajo
enteros

¼ de taza
(70 g) de
yogur griego
natural

1 cda. de
zumo de
limón

2 cdtas. de
mostaza
de Dijon

mezcla
con la batidora

#8 SALSA CHIMICHURRI CON RÚCULA

BATE BIEN

¾ de taza
(180 ml) de
aceite de
oliva

¼ de taza
(60 ml)
de vinagre de
vino rojo

1 taza
(20 g) de
rúcula

2 dientes
de ajo
enteros

½ cdta. de
cayena en
hojuelas

¼ de taza
(10g) de
cilantro
fresco

93

ensalada de kale

CON POLENTA FRITA

corta en tiras finas 1 manojo de kale
de hoja plana (unas 10 hojas) en tiras
delgadas

¡chiffonade!

mezcla con
3 cdas. de aliño de yogur César
(p. 93) más:

½ taza (50 g) de parmesano
(rallado)

¼ de taza (14 g) de piñones

para la polenta frita...

corta en dados 160 g de polenta ya
cocida y fríe en 2 cdas. de aceite
de oliva (en sartén antiadherente)
hasta que se doren

ensalada de remolacha
CON HUEVOS COLOR ROSA

Trocea 4 remolachas
y cuece 10 min.
(con o sin piel; deben
quedar tiernas)

Tritura con una batidora
varios trozos (aprox. 1 remolacha)
con 3 tazas (720 ml) de agua

Sumerge 8 huevos duros pelados
en el agua de hervir la
remolacha y déjalos 1 hora en
la nevera para que se tiñan

↳ luego córtalos por
la mitad

sirve todo sobre un lecho de rúcula y añade
por encima el aliño n.º 3 de la p. 91

CAPRESE
CON CALABAZA

①

Pela y corta en dados 1 calabaza mediana y ásala en el horno con aceite de oliva, sal y pimienta

Ásala
25-30 min.
a 220 °C

②

Mezcla con:

1 taza (150 g) de tomates cherry partidos en dos

1 aguacate troceado

1 taza (120 g) de mozzarella ahumada en dados

½ taza (20 g) de albahaca picada

③ aliña con aceite de oliva, vinagre balsámico, sal y pimienta

ENSALADA DE judías verdes y patatas

① asa unas 25 patatas mini y 10 dientes de ajo pelados 30 min. a 220 ℃ o hasta que estén tiernos

↳ con aceite de oliva, sal y pimienta

② cuando se enfríen, mezcla con ¾ de taza (30 g) de cilantro fresco picado y 1 taza (100 g) de judías verdes crudas troceadas

↳ aliña con:
1 cda. de vinagre de arroz
1 cda. de aceite de oliva

también queda ideal con el aliño n.º 7 de la p. 93

corta 4 zanahorias
en óvalos finos

pela y corta 2 naranjas
(sanguinas o normales)

corta 5 rabanitos
en círculos finos

usa las hojas exteriores
de una col lombarda
como cuencos y pica
las interiores para
la ensalada

remueve todo con aceite
y vinagre o ponle el
aliño n.º 3 de la p. 91.

Ensalada de zanahoria

5 zanahorias → **ralladas**

½ taza (50 g) de pacanas → **picadas**

½ taza (70 g) de pasas sultanas

Aliña con:

{ 2 cdas. de aceite de oliva
1 cda. de zumo de limón
una pizca de sal

o prueba con el aliño n.º 3 de la p. 91

ensalada de berenjena

1. corta una berenjena grande en rodajas de 1,30 cm

2. ásala en una bandeja de horno engrasada
   ↳ rociada con aceite de oliva y sal

   8 min. por cada lado a 200°C
   (hasta que se dore)

3. reboza 8 rodajas gruesas de mozzarella ↗
   en 1 huevo batido y luego en pan rallado
   ↳ fríe en aceite de oliva a fuego
   medio/fuerte hasta que se doren

   (aprox. 1 min. cada lado,
   escurre en papel)

4. corta en rodajas finas 4 dientes
   de ajo elefante y fríe a fuego
   medio/fuerte en aceite de oliva
   hasta que estén dorados y
   crujientes (30 seg.)

5. Dispón en una fuente:
   - la berenjena (enfriada)
   - el queso y el ajo
   - 1 taza (150 g) de tomates cherry
   - ¼ de taza (10 g) de albahaca picada

   parte en dos ↙

6. aliña con aceite de oliva, sal y pimienta

ensalada de lentejas

2 tazas (400 g) de lentejas cocidas
(de cualquier tipo)

usa de lata, para ir deprisa;
si las cueces en casa, sigue
las instrucciones del paquete

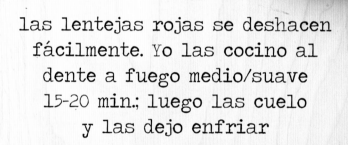

las lentejas rojas se deshacen
fácilmente. Yo las cocino al
dente a fuego medio/suave
15-20 min.; luego las cuelo
y las dejo enfriar

mezcla las lentejas cocidas con:
½ taza (30 g) de tomates secados al sol
½ taza (64 g) de arándanos rojos secos
1 taza (150 g) de tomates cherry
partidos en dos

Dispón sobre 2 tazas (140 g) de col lombarda en tiritas
aliña con aceite y vinagre o con
el aliño n.º 4 de la p. 91

ENSALADA DE
NARANJA Y AGUACATE

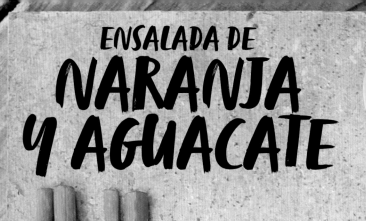

2 naranjas
2 aguacates maduros y firmes

↓

pélalos y corta en rodajas

dispón en una fuente alternándolos

(corta el aguacate como en la p. 15)

Esparce por encima:

2 cdas. de cebolletas picadas
2 cdas. de cilantro fresco picado
aceite de oliva y sal

ENSALADA DE
nectarinas
Y TOMATE

corta en gajos:

{ 3 nectarinas
3 tomates

↓

ponlos en una fuente con:

{ ¼ de taza (30 g) de queso feta
desmenuzado
½ cebolla roja en rodajas finas
¼ de taza (30 g) de pacanas picadas
¼ de taza (10 g) de menta fresca
en chiffonade
¼ de taza (10 g) de albahaca
fresca en chiffonade

(véase la técnica de corte en chiffonade en la p. 15)

ensalada de sandía

pon en cada plato una
rodaja de sandía (de 2,5 cm
de grosor, pelada)

cubre cada rodaja con:
3-5 rodajas de
mozzarella fresca

más...
una picada de
(1 cda. de cada):
menta
albahaca
almendras
nueces

aliña con aceite de oliva y sal en escamas;
sirve una rodaja pequeña por persona
o una grande para 2 o 3

··· — ENSALADA DE — ···
caquis

8 caquis fuyu

los fuyu están ricos crudos y firmes;
quita las semillas y trocéalos
(se pueden pelar o no)

¾ de taza (30 g) de cilantro fresco picado

(yo dejo los tallos; ¡tienen mucho sabor!)

½ cebolla roja (en daditos)
3 cebolletas (picadas)
los granos de 1 granada

mezcla todo con el zumo de ½ naranja y
1 lima, 1 cda. de aceite de oliva y sal

ENSALADA DE
fresones
y pepino

corta 2 pepinos grandes en cintas
con un pelador

Añade:

{
1 taza (170 g) de fresones en rodajas
½ taza (60 g) de queso de cabra
desmenuzado
¾ de taza (75 g) de tirabeques
cortados en rodajas
½ taza (45 g) de almendras tostadas
en láminas
}

aliña con aceite de oliva y zumo de limón

sala al gusto

ENSALADA DE
rábano sandía

dispón en capas en una fuente:

← 1 rábano sandía grande

(cortado en láminas finas a mano o con
mandolina, y algunas tiras para decorar)

2 naranjas peladas
(cortadas en rodajas de 6 mm)

½ cebolla roja
(cortada en anillos finos)

2 ramitas de menta
(en chiffonade,
véase p. 15)

2 cebollinos
(picados)

aliña con aceite de oliva y sal

ensalada verde

Pica:

2 cebolletas
1 pepino pequeño
1 pera verde
2 tallos de apio
½ aguacate
¼ de taza (30 g) de pistachos
¼ de taza (10 g) de albahaca fresca

Mezcla con:

1 taza (140 g) de habas edamame peladas

Aliña con:

el zumo de 1 lima, aceite de oliva y sal

o prueba con el aliño n.º 1 o n.º 2 de la p. 90

ensalada amarilla

mezcla estos ingredientes:

1 pimiento amarillo
(en dados)

1 lata (450 g) de
garbanzos (escurridos)

1 taza (150 g) de tomates
cherry amarillos
(cortados en dos)

1 remolacha amarilla
cruda (pelada y en
rodajas finas)

1 pepino limón
(pelado y en rodajas)

½ taza (70 g) de
pasas sultanas

1 cdta. de ralladura
de limón

granos crudos
de 1 mazorca de maíz

usa el aliño n.º 4
de la p. 91

ensalada roja

1 pimiento rojo
(en dados)

1 manojo de rabanitos
(unos 8, troceados)

¼ de cebolla roja
(en dados)

¼ de taza (40 g) de cerezas secas

1 taza (150 g) de tomates cherry rojos
(cortados en dos)

½ taza (90 g) de granos
de granada fresca

1 manzana roja
(en dados)

revuelve todo con el aliño
n.º 2 de la p. 90

platos principales

A mí me gusta comer estilo tapas para así poder probar platos diferentes. Los siguientes platos suelen ser los protagonistas de mis comidas, y a menudo sirvo tres o cuatro a la vez. Pero también pueden presentarse como acompañamiento de cualquier entrante. Las recetas son para 4 raciones, a menos que se indique otra cosa.

Brochetas de romero   página 136

En vez de pinchos de madera, se usan ramitas de romero para ensartar las verduras. Si tienes una planta de romero, verás que los tallos suelen ser mucho más gruesos que las ramitas que se venden, y te resultará más fácil ensartar las verduras. Puede ser útil agujerearlas previamente con un pincho. Para que no se partan, más vale que las cortes en trozos grandes.

Patatas con laurel   página 138

En una fuente de horno se disponen rodajas de boniato, patata y cebolla como si fueran fichas de dominó. En el jardín tenemos un laurel, así que yo pongo hojas frescas intercaladas entre las rodajas para dar sabor a este plato, pero con hojas secas también queda fantástico.

Pasta con zanahoria y calabacín   página 140

Se cortan cintas de las verduras con un pelador y se mezclan con la pasta y una salsa de mantequilla y tomillo. A mí me gusta usar más o menos la misma proporción de pasta y verdura. Queda más ligero pero igual de sustancioso.

Zanahorias al curry   página 142

Me gusta la textura crujiente y algo dura de estas cintas de zanahoria asadas. Para que queden más crujientes, evita que se solapen en la bandeja al asarlas.

Acordeón de calabacín   página 144

Se asa el calabacín cortado en rodajas finas y relleno con ajo fresco. Yo elijo calabacines pequeños y sirvo uno por persona.

Manzanas asadas en rodajas   página 146

Un plato dulce y salado a la vez, con cebolla caramelizada y pasas sultanas.

Brócoli con queso azul   página 148

Se asa el brócoli hasta que quede dorado y crujiente, y luego se mezcla con piñones y queso azul desmenuzado.

Berza con ajo, aceite y cayena   página 150

Cuando estudié en Italia, en la universidad, mis compañeros de piso italianos cocinaban todo el tiempo con *aglio, olio e peperoncino*. Esta salsa de ajo, aceite de oliva y cayena va muy bien con espaguetis. Aquí la he adaptado a un plato de verduras, cortando las hojas de berza en tiras tan finas como la pasta.

Filetes de coliflor con queso
página 152

Esta es mi alternativa sin pan a las tostadas con queso gratinado. Se asan rodajas de coliflor con queso cheddar y cebolleta.

Coliflor a la canela
página 154

En casa preparamos este plato todas las semanas. El sésamo y la canela agregan un sabor más intenso a esta suave verdura.

Remolacha con cítricos
página 156

Se disponen rodajas de remolacha cocida y de cítricos en capas alternas. Procura que los cítricos y las remolachas sean más o menos del mismo tamaño. Este plato se puede preparar con antelación si tienes invitados y su presentación de bonitos colores es única. Sirve varios montoncitos en una fuente o cada uno en platitos individuales.

Rollitos de fresones y rúcula
página 158

El queso de cabra, los fresones y la rúcula se enrollan en una tortilla de harina. Para acabar, se rocía con vinagre balsámico y aceite de oliva. Puedes llevarlos como almuerzo al trabajo en vez de un sándwich.

Tacos de coliflor y maíz
página 160

Se sirven en pequeñas tortillas de maíz con un poco de salsa tabasco y yogur.

«Tacos» de berenjena
página 162

Aquí las tortillas se sustituyen por rodajas de berenjena, que se rellenan con queso brie y cilantro.

Ñoquis con verduras al horno
página 164

Esta es mi cena rápida si sé que vamos a llegar tarde a casa, y una de mis recetas favoritas de este libro. Aso las verduras con antelación. A última hora cuezo los ñoquis en pocos minutos y lo mezclo todo.

Huevos con kale al horno
página 166

Se forran los ramequines con kale, se rellenan con huevo y hierbas y se hacen al horno. Los bordes del kale deben quedar crujientes. Estos huevos son excelentes si preparas un almuerzo para varias personas, pues puedes hacerlos todos a la vez. Para facilitar la limpieza, engrasa bien los recipientes o usa moldes de muffins antiadherentes.

Aguacate con huevo
página 168

Los huevos se asan directamente en el hueco del hueso del aguacate. Yo recomiendo introducir los aguacates en moldes para muffins para evitar que el huevo se derrame. Sírvelos con pan tostado.

Latkes de boniato página 170

Cada año, en Janucá, la Fiesta de las Luces, hacemos latkes, y esta es mi versión favorita de las tradicionales tortitas de patata.

Lentejas con calabaza en hojas de lechuga página 172

La lechuga se rellena con lentejas, cebolla y calabaza.

Taco de lechuga con feta picante página 174

Este taco lleva queso feta, aguacate, pepino y aceite picante.

Puré de patatas violeta página 176

En vez de leche o mantequilla, se usa yogur griego para añadir cremosidad. También puedes hacer esta receta con patatas normales, pero con las violetas queda un puré más divertido.

Puré de remolacha página 178

Una alternativa más ligera al puré de patatas y de un color más intenso. Lleva también boniato y manzana.

Champiñones con polenta página 180

Se rellenan champiñones grandes con polenta y queso de cabra. Luego se cubren con tiritas de cebolla y coles de Bruselas caramelizadas.

Minifrittatas de quinoa y calabacín página 182

Esta es una forma ideal de usar las sobras de quinoa. Las frittatas llevan calabacín rayado, huevo y una cobertura de pacanas. Yo las hago en moldes de magdalenas y me las llevo para el almuerzo. Usa quinoa de cualquier tipo y prepárala según las instrucciones del paquete. Con esta receta salen unas 12 minifrittatas en moldes pequeños o 4-6 en moldes mayores. También están deliciosas si las rellenas con un poco de queso cremoso.

Zanahorias asadas con especias página 184

Una de las recetas más populares de mi blog. Algunos lectores me han comentado que la han incorporado a sus menús habituales. La misma mezcla de especias se puede usar también con otras verduras.

Lombarda al horno con cerezas y pacanas página 186

Se asa la col hasta que quede crujiente por los bordes y luego se mezcla con cerezas secas y pacanas.

Quiche de cebolletas página 188

Esta quiche se hace con hojaldre y tomates cherry. Es ideal para un brunch o como almuerzo para llevar. Para enriquecerla, puedes agregarle queso. A veces, para una fiesta, la sirvo cortada en dados y con palillos.

Pizza de flores de calabacín   página 190

La base de esta pizza es una mezcla de queso ricotta y ajo. Yo uso 450 g de masa de pizza comprada, pero también puedes hacerla en casa. Los estambres interiores de las flores de calabacín pueden ser amargos, yo los arranco. Compro las flores en el mercado de agricultores a principios del verano. Si no las encuentras, pon rodajas finas de calabacín.

Sopa de pera y calabaza   página 192

Se asan la calabaza y las peras y luego se hace un puré añadiendo yogur y especias. Yo uso una batidora de brazo, pero también puedes hacerlo en una de vaso en dos tandas. En vez de picatostes, agrega palomitas de maíz por encima.

Tomates rellenos de boniato   página 194

Los tomates cortados por la mitad se rellenan con puré de boniato y ajo, se asan y se espolvorean con queso parmesano. Las semillas y la parte superior del tomate se pueden guardar para hacer salsa de tomate.

Guiso de trigo con queso   página 196

Me gusta comer esta especie de risotto cuando tengo antojo de macarrones con queso. Se sirve con cebolla caramelizada por encima. Los granos de trigo son como un arroz más grueso y duro, similar al farro. Hay diferentes tipos de trigo, así que sigue las instrucciones del paquete a la hora de cocerlo.

Galette de calabaza amarilla   página 198

Se cubre el hojaldre (cómpralo ya hecho) con pesto, queso ricotta y rodajas de calabaza. Está deliciosa tanto caliente como templada.

BROCHETAS DE ROMERO

corta en
dados de
5 cm
{ 2 pimientos rojos
2 cebollas rojas

ensarta los pimientos y las
cebollas en 8 ramas de romero

(quizá tengas que arrancar
algunas hojas)

rocía con aceite de oliva y salpimienta

Asa 15 – 20 min. en el horno a 220 ℃ (o en la barbacoa),
hasta que estén tiernos

patatas con laurel

corta en rodajas de 6 mm de grosor
(mejor si las patatas y las cebollas
tienen un diámetro similar)

LAUREL

para 6-8
raciones

3 boniatos

3 cebollas rojas
pequeñas

3 patatas
rojas

dispón alineadas las rodajas en un molde engrasado
de 23 x 33 cm
↳ alternándolas, como fichas de dominó

intercala hojas de laurel entre las rodajas
↳ aprox. 15 secas o 10 frescas (partidas por la mitad)

rocía con 2 cdas. de mantequilla derretida
y 3 cdas. de aceite de oliva
↳ añade sal, pimienta y 2 dientes de ajo picados

asa hasta que estén tiernas y un poco crujientes en los borde
↳ aprox. 1 hora a 220 °C

pasta con zanahoria y calabacín

Saltea en una sartén grande:
(fuego medio, 5 min.)

* 5 dientes de ajo (picados)
* 2 zanahorias en cintas
* 2 calabacines en cintas
* 1 cda. de aceite de oliva
* sal y pimienta

Luego añade:

* 225 g de fettuccini (peso en seco) ya hervidos

* 1 cda. de hojas frescas de tomillo

* 1 cda. de mantequilla (deja que se derrita)

Mezcla bien y sirve caliente

zanahorias al curry

1 con un pelador

corta cintas de
4 zanahorias grandes
(cómo en la p. 15)

recorta los extremos

2 en un bol, mezcla la
zanahoria con:

3 cdas. de aceite de oliva
½ cdta. de sal gruesa
½ cdta. de curry en polvo

3 asa en una fuente engrasada

30 min. a 165°C o hasta que los bordes estén crujientes

acordeón de calabacín

① haz **cortes transversales**
(de unos ¾ de profundidad)
en un calabacín pequeño

② corta un diente de ajo en
láminas finas e insértalas
en las ranuras

rocía con:

③ aceite de oliva, sal y pimienta

asa 45-50 min. a 195℃
o hasta que esté tierno

④ 5 min. antes de sacarlo del horno,
espolvorea con 2 cdtas.
de queso parmesano rallado

para 1 ración

manzanas
asadas
EN RODAJAS

1 cebolla roja en
rodajas finas

3 manzanas en rodajas
de 6 mm
(yo dejo el corazón y la piel
pero quito las semillas)

dispón todo en capas en una
bandeja engrasada

añade por encima:
2 cdas. de aceite de oliva
una pizca de sal
½ taza (70 g) de pasas
sultanas

asa 15-20 min. a 220°C
o hasta que se doren

Brócoli
CON QUESO
azul

① ASA

los ramilletes de
1 brócoli grande
con 2 cdas. de aceite
de oliva hasta que
se doren

a 230 °C,
20-25 min.

**② mezcla
el brócoli**

con:

piñones tostados y
queso azul desmenuzado
(¼ de taza o 30 g de cada)

rocía con aceite de oliva, limón y sal, y sirve
(caliente o tibio)

BERZA
CON AJO, ACEITE Y CAYENA

elimina los tallos
y corta en chiffonade
1 manojo de berza
(unas 6 hojas)

Calienta en una sartén:
2 dientes de ajo (picados)
½ cdta. de cayena en hojuelas
2 cdas. de aceite de oliva

1 min. a fuego medio

luego agrega la berza

cuece la verdura 3 min.,
hasta que tome un
color verde claro
y esté tierna

sala al gusto

FILETES DE coliflor con queso

corta una coliflor en «filetes» de 2 cm

<u>asa</u> los filetes en una bandeja engrasada a 190 °C, 15 min. por lado

(hasta que estén tiernos y dorados)

Cubre cada filete

con 3 cdas. de queso cheddar rallado y 2 cdas. de cebollino picado

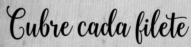 más sal y pimienta

Asa 3 min. más, o hasta que el queso se derrita

COLIFLOR

A LA CANELA

1

dispón los
ramilletes de
una coliflor
en una fuente
de horno y
espolvorea
con:

↓

canela
pimentón
cayena
ajo en polvo
sal gruesa

} ½ cdta. de cada

más { 1 cdta. de aceite de sésamo
3 cdas. de aceite de oliva

2 asa 20-25 min. a 230°C o hasta que esté tierna,
dorada y crujiente en los bordes

# remolacha con cítricos

Corta 2 remolachas grandes en rodajas de 6 mm
y cuécelas 10 min. o hasta que estén tiernas

(puedes pelarlas o dejarlas con la piel)

**Pela
y corta** { 2 naranjas
2 pomelos
en rodajas de 6 mm

Apila
las rodajas de remolacha
y cítricos (alternándolas);
pon las más grandes debajo

usa el aliño n.º 3 de la p. 91

salen 4 montoncitos

ROLLITOS DE fresones Y RÚCULA

unta una tortilla de
harina de 25 cm con 2 cdas.
de queso de cabra

(yo uso harina de trigo integral)

pon encima 5 fresones
cortados en láminas
y ¼ de taza (10 g)
de rúcula

antes de
enrollar,
rocía
con
{
aceite de oliva
vinagre balsámico
sal y pimienta

para 1 ración

TACOS
DE COLIFLOR Y MAÍZ

coliflor picada
(1 pequeña)

granos de maíz
2 mazorcas

Asa la coliflor y el maíz con:
½ cdta. de cayena en hojuelas
½ cdta. de cayena en polvo
½ cdta. de ajo en polvo
aceite de oliva, sal
y pimienta

a 220 °C, 15-20 min.
(hasta que se doren)

dispón sobre tortillas
calientes
(4-5 tortillas)

agrega a cada taco:

1 cda. de yogur griego
1 cda. de queso feta
salsa tabasco

«Tacos» de berenjena

① corta una berenjena en rodajas de 1 cm

② asa en una bandeja de horno engrasada

↳ rocía con aceite de oliva y sal

8 min. por lado a 205°C

(o hasta que se doren)

③ pon sobre cada rodaja un poco de queso brie y cilantro fresco o albahaca

pliega como un minitaco

ñoquis con verduras al horno

① Corta en dados
- 1 berenjena
- 1 cebolla
- 2 pimientos

② mezcla las verduras con 3 dientes de ajo picados, 1 cda. de aceite de oliva y ½ cdta. de sal, y asa a 220 °C, 20-25 min.

③ cuece 455 g de ñoquis según las instrucciones del paquete (unos 3 min.)

④ Mezcla los ñoquis y las verduras con:

½ cdta. de ajo en polvo
½ cdta. de cayena en hojuelas
½ taza (50 g) de parmesano rallado
3 cdas. de aceite de oliva
sal y pimienta

huevos
con
Kale
AL HORNO

①

forra 1 ramequín de 8 cm
con un trozo de hoja
de kale

②

casca 2 huevos en el
interior (puedes batir o no)

③

Agrega:
1 cda. de queso rallado
½ cdta. de hierbas
aromáticas secas
sal y pimienta
(mezcla con el huevo si lo bates)

Hornea a 180°C, 20 min.
↳ o hasta que los huevos cuajen al gusto

para 1 ración

aguacate con huevo

① corta un aguacate por la mitad
y quita el hueso

② pon cada mitad en un molde
pequeño, para que no se vuelquen

③ vierte huevo batido en cada hueco

↘ 1 huevo sirve para 2 mitades

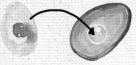

④ espolvorea con queso rallado,
ajo en polvo, sal y pimienta

Hornea
a 190 °C, 15-20 min.

↓

o hasta que
el huevo esté
hecho

*truco:

si el hueso del aguacate es pequeño,
retira un poco de pulpa antes de añadir el huevo

Latkes
DE BONIATO

Ralla 2 boniatos (yo no los pelo)

Mezcla con
- 4 huevos batidos
- 1 diente de ajo picado
- 1 cda. de pan rallado
- sal y pimienta

Fríe 3 cdas. (formando tortitas) en abundante aceite de oliva, hasta que se doren

↳ *unos 3 min. por lado a fuego medio/fuerte*

retira y escurre en papel de cocina

Sirve con 1 cda. de yogur griego y cebolleta picada por encima

LENTEJAS CON CALABAZA

EN HOJAS DE LECHUGA

pela y corta en dados

1 calabaza moscada

saltea la calabaza y la cebolla en
2 cdas. de aceite de oliva, sal
y pimienta, hasta que estén tiernas
(unos 8 min. a fuego medio)

pica

1 cebolla roja

mezcla con:

2 tazas (400 g) de lentejas
cocidas

**sirve la mezcla en
hojas de lechuga**

TACO DE LECHUGA
CON FETA PICANTE

separa 8 hojas de una lechuga

rellena cada hoja con:

1 cda. de queso feta

3 tiras de pepino

2 tiras de aguacate

aliño:
3 cdas. de aceite de oliva
1 cdta. de cayena en hojuelas
una pizca de sal

↓

para 8 tacos

puré de patatas violeta

corta en dados 6 patatas
violetas y cuécelas 15-20 min.
(hasta que estén tiernas)

↳ puedes pelarlas o no

escurre y tritura con:

½ taza (140 g) de yogur griego
2 cdas. de aceite de oliva
½ cdta. de ajo en polvo
Sal y pimienta

adereza con mantequilla
y cebolleta picada

sirve enseguida

PURÉ DE REMOLACHA

pela y corta en dados 3 remolachas, 1 boniato
y 1 manzana

asa

con aceite de oliva y sal a 230°C, 30 min.
(o hasta que estén tiernos)

tritura con:
2 cdas. de mantequilla
   o aceite de oliva
⅓ de taza (95 g) de yogur
   griego
sal y pimienta al gusto

adereza con:
cebolletas picadas
cerezas secas
aceite de oliva y sal marina

champiñones con polenta

① Condimenta 4 champiñones grandes con:

ajo picado (1 diente para cada uno),
aceite de oliva, sal y pimienta

Asa a 190 °C, 20 min.

② corta en tiras finas

{ 8 coles de Bruselas
1 cebolla roja

→ carameliza a fuego medio
con 1 cda. de mantequilla, unos
15 min. o hasta que se doren

③ Prepara la polenta:

hierve 2 tazas (480 ml) de agua, añade ½ taza (78 g) de
harina de maíz y cuece a fuego lento, removiendo a menudo,
unos 15 min. o hasta que esté cremosa. Luego incorpora
¼ de taza (56 g) de queso de cabra y salpimienta al gusto

④ rellena los champiñones con polenta y luego con la mezcla de cebolla

minifrittatas

de quinoa y calabacín

¼ de taza (45 g) de quinoa
(peso en seco) cocida (o 135 g
ya cocida)

1 calabacín
(rallado) →

2 huevos

½ cdta. de sal
¼ de cdta. de pimienta
½ cdta. de ajo en polvo
⅓ de taza (40 g) de queso
feta desmenuzado

mezcla todo y rellena moldes de
magdalenas engrasados (o usa cápsulas
de papel)

espolvorea con 2 cdtas. de pacanas picadas

Hornea a 180°C, 20-25 min.
(hasta que el huevo cuaje)

para 4-6 minifrittatas

ZANAHORIAS
ASADAS CON ESPECIAS

Corta 6 zanahorias medianas diagonalmente en rodajas

Agítalas dentro de una bolsa de plástico con:

½ cdta. de cada
- canela
- pimentón
- cayena
- ajo en polvo
- sal gruesa

más:

1 cdta. de aceite de sésamo

1½ cda. de aceite de oliva

Asa 20-25 min. a 220°C o hasta que estén tiernas y los bordes crujientes

LOMBARDA AL HORNO

CON CEREZAS Y PACANAS

corta 1 col lombarda
en trozos de 5-7,5 cm

esparce la col en una fuente
de horno engrasada

Espolvorea con:

½ cdta. de pimentón ahumado
½ cdta. de ajo en polvo
3 cdtas. de aceite de oliva
sal y pimienta

Asa:

25-30 min. a 230℃
revolviendo una vez,
hasta que se doren
los bordes

Completa con:

½ taza (80 g) de cerezas secas
½ taza (55 g) de pacanas tostadas
troceadas

Quiche de cebolletas

extiende una
lámina de masa
de hojaldre en
un recipiente de
20 x 20 cm

mezcla y vierte sobre la base
- ¼ de taza (60 ml) de leche o nata
- 6 huevos batidos
- ½ cdta. de ajo en polvo
- 2 cebolletas picadas
- sal y pimienta

agrega algunos tomates cherry
(½ taza o 75 g) y encima unas
cebolletas enteras

Hornea 30–35 min. a 190 °C
(o hasta que cuaje)

pizza
de flores de calabacín

① Extiende 455 g de masa de pizza en una bandeja engrasada

② Mezcla en un bol:
¼ de taza (25 g) de parmesano
1 cdta. de tomillo fresco
1 cdta. de romero fresco
1 taza (250 g) de ricotta
2 dientes de ajo

PICA

TROCEA

③ esparce la mezcla sobre la masa y agrega por encima 8 flores, 1 cda. de aceite de oliva y sal

RALLA

Hornea
a 220 °C, 15-20 min.

sopa de pera y calabaza

1 calabaza moscada (pelada)
4 peras maduras (sin corazón)
1 cebolla grande

} Trocea y asa 30-35 min. a 190 °C (con aceite de oliva y sal), hasta que estén tiernas

↓

mezcla con:

4 tazas (960 ml) de caldo de verduras
½ taza (140 g) de yogur griego
½ cdta. de curry en polvo
½ cdta. de canela
½ cdta. de jengibre rallado
½ cdta. de nuez moscada

Tritura por tandas
y luego cuece todo a fuego lento 10 min.

¡añade unas palomitas en cada cuenco!

para 6 raciones

tomates rellenos

DE BONIATO

pela y trocea 1 boniato grande y 4 dientes de ajo y cuece 20 min. o hasta que estén blandos

Tritura con:

* ¼ de taza (55 g) de queso cremoso
* sal y pimienta

hasta obtener un puré fino

corta 4 o 5 tomates por arriba y vacíalos (desecha la tapa y las semillas)

Rellena los tomates con el puré (aprox. ¼ de taza o 60 g por tomate)

Espolvorea con parmesano antes de servir

Hornea 15 min. a 180°C, hasta que estén bien calientes

GUISO DE TRIGO
CON QUESO
y cebolla caramelizada

3 tazas (300 g) de trigo en grano cocido
(sigue las indicaciones del
paquete, pero 150 g de trigo
seco en 1,2 l de agua o caldo
30 min. se convertirán en 300 g)

para la cebolla caramelizada:
* 1 cebolla grande (cortada en rodajas)
* 3 dientes de ajo (picados)
* 2 cdtas. de aceite de oliva
* 2 cdtas. de mantequilla
* sal

saltea 30 min. a fuego
medio/suave o hasta
que se doren
(remueve un poco)

mezcla el trigo cocido aún
caliente con ¾ de taza (75 g)
de parmesano rallado

añade encima la cebolla
y sirve caliente

GALETTE de CALABAZA AMARILLA

extiende una lámina de masa de hojaldre en una bandeja de horno engrasada y cúbrela con:

① ⅓ de taza (85 g) de ricotta

↘ *luego* 3 cdas. de pesto

→ *luego* 2-3 calabacitas amarillas (en rodajas finas)

② *pliega los bordes y rocía todo con aceite de oliva y sal*

③ hornea 15-20 min. a 205°C o hasta que se dore

recolectando moras en Pescadero (California)

dulces

Soy de esas personas a las que, por abundante que sea una comida, siempre les queda espacio para el postre. Entre semana tomo solo un poco de chocolate después de comer. Pero si tenemos gente a cenar, me gusta hacer algo especial. La mayoría de estas recetas se pueden preparar con antelación, por lo que son ideales para cenas con invitados. Algunas también pueden tomarse en el desayuno o para almorzar. Son para 4 raciones, a menos que se indique otra cosa.

Galletas de romero

Me encanta la mezcla de sabor salado y dulce en esta galleta de mantequilla. Yo hago una torta en un molde de pastel y luego la corto.

Coquitos de mantequilla de cacahuete

Estos dulces sin cocción no empalagan y son un buen tentempié para llevar.

Dátiles con naranja y pistachos

Van rellenos de queso de cabra, con ralladura de naranja y pistachos por encima. También se pueden hacer con un queso cremoso. Son fáciles de preparar y pueden tomarse además como aperitivo. Para una presentación más elegante, uso una bolsa de plástico con una esquina cortada para rellenarlos de queso.

«Pastel» de melón

Se apilan rodajas de sandía y melón para formar una especie de pastel. El orificio del centro se rellena con yogur, miel y almendras. Queda divertido si tienes invitados a almorzar.

Fresones con yogur

Se recubren los fresones con yogur y luego con azúcar. ¡Nada más! En mi familia le poníamos nata en vez de yogur. Me gusta servir los ingredientes en cuencos y que los invitados se lo preparen ellos mismos.

Parfaits de yogur

En un recipiente pequeño se disponen capas de yogur griego, frambuesas, pistachos y miel. Usa una copa transparente para que se vean las bonitas capas. Rocíalos con un poco de aceite de oliva. (¡También son ideales para desayunar!)

Pastelitos de albaricoque

Se corta un albaricoque por la mitad, se rellena con mantequilla, canela y azúcar; se envuelve en masa quebrada y se hornea. Yo compro una masa quebrada que viene enrollada en un paquete. Puedes usar este mismo método para cualquier fruta con hueso. Si la fruta está muy madura, el pastel quedará más dulce. Sírvelo con helado y miel.

Banana frita split

Plátano frito con helado y miel.

Galette de manzana y miel

Cuando vivía en Sonoma con mi familia, hacíamos muchos tipos de tartas de manzana. Esta es una versión muy simple que solo requiere dos manzanas. Suelo hacerla en otoño para celebrar el Año Nuevo judío, pues en esa fecha es tradición comer manzanas y miel para que el nuevo año sea dulce.

Crema de ciruelas y tomillo

Los ciruelos silvestres crecen de manera exuberante en nuestros bosques, y esta es una forma deliciosa de comer las ciruelas. Yo sirvo la crema caliente sobre helado de vainilla. ¡Me encanta la mezcla de ácido y dulce!

Sándwiches de helado

Consisten en helado de chocolate y mantequilla de cacahuete entre dos galletas de jengibre (compradas hechas).

Beer float

Cerveza de chocolate con helado de chocolate y nueces.

Mousse de chocolate con ricotta

Se mezcla ricotta con chocolate derretido, un poco de canela y azúcar moreno. Esta «mousse» rápida puede prepararse con antelación para una cena y guardarse en copas en la nevera. Yo prefiero el chocolate negro, pero también puedes usar chocolate con leche.

Batido de aguacate y cacahuete

Además lleva plátanos y leche de almendras. ¡Queda una crema espumosa deliciosa! También se puede tomar con el desayuno.

Pan jalá

Si nunca has hecho pan, esta trenza ligeramente dulce es una buena manera de empezar. Aprendí a trenzar seis cabos gracias a YouTube, pero con tres también queda estupendo. Este pan judío suele comerse los viernes por la noche, en la cena de sabbat. La receta no es difícil, pero requiere un poco de tiempo. Mi versión es un poco más dulce, densa y consistente que otras, por lo que es ideal para hacer tostadas francesas. Antes de hornear puedes añadir a la masa pasas, nueces o trocitos de chocolate. Para Año Nuevo hago un pan redondo con la misma receta y granos de granada. Asegúrate de que la levadura no haya caducado y, en invierno, si la casa está fría, enciende el horno un minuto y luego apágalo y deja dentro la masa para que suba.

galletas de romero

⅓ de taza (65 g) de azúcar

1 taza (125 g) de harina

2 cdtas. de romero fresco picado

115 g de mantequilla salada

fría y cortada
en trocitos

REVUELVE todo en un robot de cocina

¡poco tiempo! solo para mezclar

introduce la mezcla en un molde redondo
para pastel de 23 cm

Hornea 30 min. a 165 °C o hasta que se dore por los bordes;
deja enfriar 5 min. antes de cortar las galletas

coquitos

DE MANTEQUILLA DE CACAHUETE

(¡no requieren cocción!)

½ taza (125 g)
de mantequilla de
cacahuete

10 dátiles
sin hueso

1 taza (90 g) de coco rallado
más ½ taza (45 g) para rebozar

1 cda.
de miel

① Mezcla bien
todo en un
robot de
cocina

② Forma bolas
de 2 cdas con la masa
y rebózalas con coco
rallado

dátiles
CON NARANJA Y PISTACHOS

① Corta

10 dátiles sin hueso por la mitad

② Rellena

cada mitad con un poco de queso de cabra
(en total se necesitan unos 115 g de queso)

③ Agrega

por encima ¼ de taza (25 g)
de pistachos picados
y la ralladura de
1 naranja

«PASTEL» DE MELÓN

① rebana los extremos de cada fruta de manera que quede una rodaja central de 10 cm *(guarda los extremos para una macedonia)*

MELÓN CANTALUPO

② elimina las semillas y apila las 3 porciones

MELÓN AMARILLO

③ con un cuchillo grande, corta la corteza de las 3 porciones apiladas girando el «pastel»

SANDÍA

④ rellena el centro con ¾ de taza (215 g) de yogur griego y cubre todo con:

{ ½ taza (140 g) de yogur griego
¼ de taza (22 g) de almendras fileteadas
2 cdas. de miel

fresones con yogur

* 2 tazas aprox. (280 g) de fresones frescos

* ¾ de taza (215 g) de yogur griego

* ½ taza (110 g) de azúcar moreno desmenuzado

recubre cada fresón
PRIMERO con yogur
DESPUÉS con azúcar

cómelos enseguida

parfaits

DE YOGUR

En un vaso transparente, con ½ taza (140 g)
de yogur griego, alterna capas de:

3 cdas. de higos
secos troceados →

¼ de taza (35 g) de →
frambuesas frescas

2 cdas. de
pacanas
picadas →

2 cdas. de
pistachos
picados →

← 2 cdas.
de miel

rocía con 1 cdta. de aceite
de oliva antes de servir

pastelitos de albaricoque

DECORA CON CRÈME FRAÎCHE Y CANELA

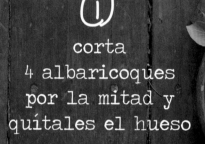

① corta 4 albaricoques por la mitad y quítales el hueso

② rellena cada mitad con ½ cdta. de mantequilla, 1 cdta. de azúcar moreno y una pizca de canela y luego junta de nuevo las 2 mitades

③ extiende 400 g (23 cm) de masa quebrada (comprada hecha) y corta cuatro círculos de 15 cm; envuelve cada albaricoque en un círculo de masa y pellizca los bordes para sellarlos

④ colócalos en una bandeja de horno con la unión de los

banana frita split

para 1 ración

corta un plátano a lo largo y fríelo en 1 cdta. de mantequilla 3-5 min. o hasta que se dore (fuego medio)

dispón en un plato con:

1 cda. de pacanas picadas

¼ de cdta. de canela

2 cdtas. de miel

2 bolas de helado (½ taza o 70 g)

GALETTE DE MANZANA Y MIEL

extiende 400 g
(23 cm) de masa
quebrada (comprada
ya hecha) en una
bandeja de horno
y dispón encima:

½ taza (120 g) de queso brie
1 cda. de azúcar moreno
3 cdas. de almendras fileteadas
½ cdta. de canela

luego...
cubre la capa de queso con 2 <u>manzanas</u> cortadas finas
dispuestas en abanico (con o sin la piel)

agrega trocitos de mantequilla, rocía con miel
y pliega los bordes de la masa

Hornea 20-25 min. a 180 °C o hasta que se dore;
decora con unos granos de granada

CREMA DE
ciruelas y tomillo

1 cdta. de mantequilla

$1\frac{1}{2}$ cda. de tomillo
fresco picado

4 ciruelas troceadas
(yo no las pelo)

1 cda. de azúcar

Cuece a fuego medio/suave unos
10 min., revolviendo de vez en
cuando, hasta que la ciruela
se deshaga parcialmente

Deja enfriar unos minutos y vierte aún
caliente sobre helado de vainilla

sándwiches de helado

YO USO GALLETAS BLANDAS

1

unta mantequilla de cacahuete en 2 galletas de jengibre
(2 cdtas. en cada una)

2

agrega una bolita de helado de chocolate en una de las galletas

3

coloca la otra galleta encima, formando un pequeño sándwich

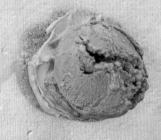

cómelos enseguida
(si los haces con antelación, sácalos del congelador 10 min. antes de servir)

para 1 ración

Beer float

para 1 ración

vierte ½ taza (120 ml)
de cerveza negra
(tipo chocolate stout)

sobre una bola de helado
de chocolate (¼ de taza o 35 g)

decora con 2 cdtas. de
almendras fileteadas

mousse de chocolate con ricotta

derrite 115 g de chocolate
en un recipiente metálico
al baño maría
(1 tableta aprox.)

(NEGRO o CON LECHE)

½ cdta. de canela

1 cda. de azúcar
moreno

2 tazas (500 g)
de ricotta

*mezcla todo en un robot de cocina durante 30 seg.; luego reparte
en 4 copas y enfría en la nevera 1 hora*

antes de servir, cubre con nata
y virutas de chocolate

yo hago las virutas con un pelador de verduras

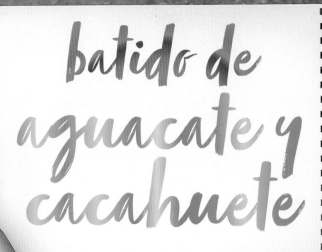

batido de aguacate y cacahuete

½ aguacate maduro

1¼ taza (300 ml)
de leche

(yo uso de almendras)

2 plátanos congelados
(pélalos y córtalos
en trozos antes de
congelarlos)

3 cubitos
de hielo

2 cdas. de mantequilla
de cacahuete

tritura bien todos los ingredientes con una batidora

para 2 raciones

Pan JALÁ

para una hogaza

en el vaso de una batidora eléctrica
(o en un bol grande, a mano)...

mezcla:

1 cda. de levadura
¾ de taza (180 ml) de agua
caliente

} *revuelve y deja reposar 5 min.
o hasta que se formen burbujas*

luego agrega:

⅓ de taza (75 g) de azúcar moreno compacto, 2 cdas. de miel,
1 huevo, 1 cdta. de sal, ¼ de taza (60 ml) de aceite veg.

incorpora a la mezcla:

3 o 4 tazas (375 a 500 g) de harina, poco a poco, hasta formar
una bola que no quede demasiado pegajosa

ponla en un lugar cálido, en
un bol engrasado y cubierta
con un plástico, hasta que
aumente al doble de su tamaño
(3-5 horas)

después...

da forma a la trenza, colócala
en una bandeja engrasada,
unta con huevo batido,
espolvorea con semillas de
sésamo y deja reposar hasta
que se hinche (30-60 min.)

Hornea 25-30 min. a 180°C
o hasta que se dore

Agradecimientos

Me siento agradecidísima por todo el cariño y apoyo que he recibido de mi familia. Incluso en los tiempos duros de Nueva York, cuando intentaba «convertirme en una artista» (haciendo colaboraciones gratis mientras cuidaba niños, paseaba perros o trabajaba en un restaurante) me animaron siempre a perseverar. Mis padres deseaban que eligiera una profesión que me apasionara y me hiciera feliz. Este libro ha sido exactamente eso. Por ello, ¡os doy las gracias! ¡Realmente ha sido un proyecto de ensueño!

A Jonathan, mi esposo, le agradezco el tiempo y el espacio que me ofreció cuando nos trasladamos a California. Gracias a tu amor, apoyo y aliento, esa época fue fundamental para mí. Me siento muy afortunada por estar con alguien que concede tanta importancia a la creación artística. Gracias por tu paciencia, por empujarme cuando lo necesitaba, por tu comprensión, tus constantes ideas para las recetas y tu sinceridad al probarlas. Gracias por ser mi mayor admirador; yo también lo soy de ti.

Gracias a toda mi familia, a la de Jonathan y a todos nuestros amigos. Gracias por apoyarme, darme ánimos y haber pasado tantísimas horas degustando las recetas. Me encanta que hayáis formado parte de este proceso.

A mi magnífica agente, Alison Fargis, gracias por imaginar este libro después de ver mi blog y por animarme a ser fiel a mi intuición.

A Dervla Kelly, mi increíble editora, gracias por descubrir mi blog y darlo a conocer a Alison. Gracias por darme la libertad creativa necesaria para que pudiera hacer mío este proyecto, así como las recomendaciones para mejorarlo. Gracias a todo el equipo de STC por ayudarme a crear este hermoso libro.

A Anna Rosales, mi encantadora y brillante ayudante de cocina y estudio y excelente asesora. Te agradezco inmensamente todo el tiempo que has dedicado a este proyecto.

La realización de este libro no hubiera sido posible sin los consejos, el apoyo y la inspiración de Stephanie Gleeson, Michael Gleeson, Ryan Gleeson, Adam Kotok, Alan Neigher, Kayoko Akabori, Gabrielle Langholtz, Samantha Hahn, Marisa Dobson, Liam Flanagan, Danny Maloney, John y Laney Harney, y Daniel Kosaka.

Para acabar, quiero dar las gracias a los lectores del blog *The Forest Feast*. Vuestros preciosos comentarios son una motivación para seguir compartiendo recetas, y vuestro apoyo desde el comienzo ha sido esencial para desarrollar este libro.

Índice alfabético

THE WALDORF=ASTORIA NEW YORK, N.Y.

PARK AVENUE AT FIFTIETH STREET